Para

com votos de paz.

DIVALDO FRANCO
pelo Espírito
JOANNA DE ÂNGELIS

Responsabilidade

SALVADOR
2. ed. – 2024

©(1987) Centro Espírita Caminho da Redenção
Site: https://mansaodocaminho.com.br
Edição: 2. ed. (2ª reimpressão) – 2024
Tiragem: 3.000 exemplares (milheiros: 24.000)
Coordenação editorial: Lívia Maria C. Sousa
Revisão: Manoelita Rocha • Plotino da Matta
Capa: Cláudio Urpia
Editoração eletrônica: Ailton Bosco
Coedição e publicação: Instituto Beneficente Boa Nova

PRODUÇÃO GRÁFICA
LIVRARIA ESPÍRITA ALVORADA EDITORA – LEAL
E-mail: editora.leal@cecr.com.br
DISTRIBUIÇÃO: INSTITUTO BENEFICENTE BOA NOVA
Av. Porto Ferreira, 1031, Parque Iracema. CEP 15809-020
Catanduva-SP.
Contatos: (17) 3531-4444 | (17) 99777-7413 (WhatsApp)
E-mail: boanova@boanova.net
Vendas on-line: https://www.livrarialeal.com.br

Dados Internacionais de Catalogação na Publicação (CIP)
(Catalogação na fonte)
BIBLIOTECA JOANNA DE ÁNGELIS

FRANCO, Divaldo Pereira. (1927)

Responsabilidade. 2. ed. / Pelo Espírito Joanna de Ângelis [psicografado por] Divaldo Pereira Franco, Salvador: LEAL, 2024.
160 p.
ISBN: 978-85-8266-204-5

1. Espiritismo 2. Psicografia 3. Meditação
I. Franco, Divaldo II. Título

CDD: 133.93

Bibliotecária responsável: Maria Suely de Castro Martins – CRB-5/509

DIREITOS RESERVADOS: todos os direitos de reprodução, cópia, comunicação ao público e exploração econômica desta obra estão reservados, única e exclusivamente, para o Centro Espírita Caminho da Redenção. Proibida a sua reprodução parcial ou total, por qualquer meio, sem expressa autorização, nos termos da Lei 9.610/98.
Impresso no Brasil | Presita en Brazilo

SUMÁRIO

Responsabilidade   7

1. Critério de observação   13
2. Previdência espiritual   21
3. Altruísmo libertador   29
4. Ante obsidiados   37
5. O legado de Jesus   45
6. Intercâmbio de elevação   51
7. Na área mediúnica   61
8. Tranquiliza-te em Deus   69
9. A compaixão   75
10. Autoridade real   83
11. Estímulo aos médiuns   91
12. Medo e reencarnação   101
13. Até o fim   109
14. Ergue-te e caminha   115
15. Considerando a reencarnação   121

16.	Arte da despedida	127
17.	Vigília e sono	133
18.	Pensamento em ação	141
19.	Amigo feliz	147
20.	Alegrias do Natal	155

Responsabilidade

O conhecimento que liberta propõe ao homem uma consciência responsável.

A responsabilidade decorre da perfeita identificação entre o que o indivíduo conhece e a forma pela qual se comporta.

A responsabilidade é conquista intelecto-moral de relevância para a vigência da vida enobrecida na Terra.

Sem ela, falecem todas as tentativas de elevação, porque se fazem torpedeadas pelas imperfeições morais dos que se comprazem na infância espiritual e na delinquência, que é grave enfermidade do Espírito.

Responsabilidade

❉

O engenheiro de cálculos é responsável pelo resultado da construção que realiza.

O cirurgião é responsável pelo grave cometimento da terapêutica que lhe diz respeito.

O operário, por mais modesto, é sempre responsável pela tarefa que desempenha.

A responsabilidade varia de grau, não, porém, de intensidade.

Pequena falha em qualquer edificação leva ao desmoronamento da construção, assim como qualquer descuido responde por desastres inimagináveis.

A responsabilidade é vigilante moral de cada pessoa, acompanhando-lhe as ações e a conduta.

❉

Na área do comportamento social, iluminada pela fé religiosa, a responsabilidade desempenha papel de alta relevância.

O cristão responsável, por isso mesmo, é convocado a assumir os deveres que lhe dizem respeito, bem como cumpre-lhe aplicar a responsabilidade a benefício da própria iluminação.

As fantasias e ilusões, como anestésico da alma, respondem pela farta messe de irresponsabilidade que domina nos vários arraiais da Terra.

Desrespeito e cinismo, revolta e ganância desmedida, violência e permissividade são alguns dos estigmas que a leviandade favorece como mecanismos de evasão à responsabilidade humana.

❄

Reunimos, neste pequeno livro, alguns assuntos de atualidade, inspirados nas lições

Responsabilidade

de Jesus Cristo, especialmente nos desafios que Ele propõe aos Seus seguidores, ao afirmar: "– Eu sou..." e, posteriormente, quando informa categórico: "– Vós sois...".

Apoiamo-nos, também, em outros textos da Sua excelente mensagem de amor e de responsabilidade, a fim de despertarmos quem adormeceu, confortarmos aqueles que sofrem e encorajarmos os companheiros desfalecidos na luta, para que recuperem o tempo perdido e avancem, conscientes, no rumo da elevada empresa iluminativa que a reencarnação a todos proporciona.

Nenhuma prosápia ou ambição de nossa parte, senão o desejo de agir com responsabilidade, participando, ao lado dos amigos encarnados, da inevitável luta que todos travamos pela conquista da plenitude espiritual.

Joanna de Ângelis
Salvador, 14 de janeiro de 1987.

"Vós sois o sal da terra. Se, porém, o sal tornar-se insípido, como se poderá restaurar-lhe o sabor? Para nada mais serve, senão para ser lançado fora e pisado pelos homens."

Mateus: 5 – 13.

1
Critério de observação

Poderás examinar com acerto os problemas humanos, se te eximires à censura e à má vontade.

Os fatos não ocorrem exatamente conforme se te apresentam. Há ângulos em que não penetras, antecedentes que desconheces, circunstâncias ignoradas.

Uma apreciação feita ante o desfecho de qualquer acontecimento é sempre precipitada e sem fundamento.

Responsabilidade

Desse modo, considera o que te chegue ao conhecimento, utilizando calma e uma boa dose de bom senso.

Procura descobrir o lado melhor em tudo, de forma a diminuir a carga dos danos, quando for algo prejudicial, contribuindo para a reparação desses males.

Não faltam pelo caminho demolidores, acusadores, pessoas armadas pela ira e pelo pessimismo.

Torna-te alguém receptivo e agradável, quando as conjunturas se apresentem sombrias e mortificadoras em torno dos teus passos.

❉

As análises dos comportamentos alheios, realizadas com azedume e prevenção, levam a resultados tão injustos quanto infelizes.

Este companheiro tombou; aquele se comprometeu; esse delinquiu; estoutro desistiu da luta... Não lhes adiciones às aflições maior quota de desespero. Certamente lutaram até a exaustão, antes do comprometimento. Talvez tenham sido colhidos por imprevistos sucessivos ou sucumbiram por invigilância...

De qualquer forma, necessitam de amizade, compreensão e ajuda.

Ninguém falha por querer. Se assim sucede, porém, a pessoa está com o discernimento afetado, atravessando um processo sutil de alienação mental.

❋

O indivíduo arrogante esconde a íntima fragilidade no porte altaneiro, temerário.

O homem prepotente sofre de complexo de inferioridade.

Quem acusa o próximo, em insistentes gestos de falsa justiça, é vítima de inveja corrosiva.

Responsabilidade

Aquele que só procura posições de relevo vive fugindo de si mesmo.

Quase sempre as pessoas refletem o oposto do que são em realidade.

Dulcifica, portanto, os teus critérios de observação, não sobrecarregando de exigências esses infelizes disfarçados, portadores de sorrisos de triunfo nos lábios e amarguras no coração.

❄

A viagem evolutiva de sublimação pessoal é muito solitária.

Por maior seja a soma de ajuda e companheirismo que se apresente, os esforços iluminativos e de superação sempre pertencem a cada qual, sem transferência nem fuga à própria responsabilidade.

O amor que se recebe torna-se estímulo, mas a ação será do viandante decidido.

Joanna de Ângelis / Divaldo Franco

Contribui, pois, com o teu próximo, amenizando-lhe as cruezas da luta, porquanto ele já carrega o próprio fardo na árdua ascensão, não dispondo de forças para novas cargas de desrespeito ou de impiedade que, às vezes, lhe são depositadas sobre os ombros cansados.

"Vós sois a luz do mundo. Não se pode esconder uma cidade situada sobre um monte."

Mateus 5 - 14.

2
Previdência espiritual

Fiel ao compromisso com a previdência em torno do futuro, reuniste vasto patrimônio financeiro, contando com justo repouso na velhice, sendo surpreendido por dores imprevisíveis, que ora te dilaceram os sentimentos.

Seguindo dietas alimentares bem balanceadas, cuidaste da saúde física, programando uma larga existência, quando o acidente inesperado paralisou-te em aflitiva cadeira de rodas.

Responsabilidade

Dilatando músculos e facilitando a irrigação do sangue, praticaste esportes como dedicado ginasta, sem contar com a ruptura da medula após o salto acrobático na piscina fatídica.

Amigo da inteligência e da cultura, dedicaste largas horas ao estudo sistematizado das ciências e de várias escolas de pensamento, sendo surpreendido por insignificante coágulo que se te alojou no cérebro, levando-te à hebetação do raciocínio.

Crente nos valores sociais, cuidaste de granjear posição de relevo na comunidade, envolvendo-te em compromissos vários, sem esperar os dissabores morais que desabaram sobre o teu lar como chuva de granizo ardente.

Estabeleceste diretrizes de segurança para o triunfo, que seguiste à risca, descobrindo, bem tarde, outros valores de natureza espiritual que não consideraste e que são os de duração perene.

Não desconsideramos, porque as sabemos importantes, essas realizações e conquistas. Contudo, seriam mais valiosas se a elas aliasses as de sabor eterno, aquelas que dizem respeito ao ser espiritual, preexistente ao berço e sobrevivente ao túmulo.

❄

O homem apressado semeia legumes para a sua mesa de amanhã.

O homem prudente cultiva trigo para o futuro pão.

O homem sábio, porém, adiciona a essas sementeiras a vida em si mesma, a fim de estar sempre em paz.

Preserva, desse modo, o teu futuro socioeconômico, sem descuido, no entanto, da alma que prosseguirá, sejam quais forem as circunstâncias.

Atende aos deveres para com a saúde física e mental; entretanto, trabalha as

Responsabilidade

imperfeições morais, libertando-te dos atavismos perniciosos que acompanham o Espírito em todas as injunções.

Sustenta os compromissos humanos com dignidade e labora em favor do êxito; sem embargo, dilata a ambição, armazenando títulos de enobrecimento espiritual que seguirão contigo, após a fugaz existência corporal.

Educa o corpo e disciplina a mente.

Precata-te com a poupança e estabelece vínculos de amizade no teu grupo social.

Reserva-te, porém, um programa de iluminação íntima, meditando e agindo sob as superiores lições do Evangelho de Jesus, que te propiciarão a paz em todos os dias da tua vida.

❅

O homem que triunfa no mundo, ganha destaques e honrarias; todavia, aquele que vence o mundo, ganha a vida e dele se liberta.

Assim pensando, escreveu o Apóstolo Paulo aos efésios, conforme o capítulo cinco, versículo dois: *"Andai em amor..."*, significando a necessidade de viver-se, comportar-se e agir-se sob a diretriz libertadora desse Mandamento por excelência, base de toda a Lei e de todas as revelações espirituais.

"...Eu sou o pão da vida; o que vem a mim, de modo algum terá fome, e o que crê em mim, jamais terá sede."

João: 6 - 35

3
Altruísmo libertador

A agressividade resulta do medo.
O apego procede da insegurança.

A insatisfação decorre da intolerância.

A dúvida se origina da inquietação.

A revolta é doença do sentimento.

A perversidade provém do primitivismo ancestral.

A depressão promana das fugas da realidade.

A loucura tem suas matrizes no *eu* espiritual.

Responsabilidade

O desespero se aninha na rebeldia íntima.

A prepotência se agasalha no orgulho.

❉

Filhos especiais do egoísmo, esses inimigos do homem se nutrem dos sentimentos vis, longamente sustentados pela cultura e pela sociedade que se baseiam nos valores imediatistas.

Resultado de um comportamento que se alimenta no materialismo, da vida o homem somente se interessa pela satisfação das paixões mais grosseiras, que reduzem todas as aspirações ao momento que passa, embora a sua fugacidade.

Satisfeitos os desejos mais imperiosos, foge o homem de uma para outra situação desastrosa, não lhe bastando o saciar dos apetites num momento, por pretender o gozo indiscriminado, incessantemente...

Dessa transferência contínua de um para outro pique da autossatisfação, tomba na insensatez que culmina no suicídio, em qualquer das suas múltiplas manifestações.

❄

O exercício do dever propicia a paz.

O hábito de servir controla as ambições exageradas.

A atividade caridosa dulcifica os sentimentos.

A meditação arma de equilíbrio.

A confiança em Deus reveste de coragem.

O autoconhecimento proporciona medidas de valor pessoal.

A seriedade com que se encaram os compromissos leva à ação bem realizada.

A discrição inspira simpatia.

O respeito fomenta a amizade.

A compreensão estimula o companheirismo.

Responsabilidade

A prece abre as portas da percepção espiritual, ao lado do estudo que comanda as experiências com sabedoria.

❄

O altruísmo é, desse modo, responsável pelo sucesso interior da criatura, forrando-a de resistências para as inevitáveis vicissitudes que a todos sucedem no trânsito da vida física.

❄

À medida que sejam cultivados os valores morais do ser e o altruísmo predomine, a violência cederá lugar à fraternidade, e o auxílio recíproco evitará que a agressão comande os desatinados, tornando as ruas e os lares, as oficinas e as escolas em campos de batalha, qual hoje ocorre, aí fazendo desenvolver-se então os sentimentos humanísticos que unirão todos os homens numa mesma comunidade ideal.

Não se creia que estejam remotos esses dias.

Iniciando-o cada criatura em si mesma, por extensão será fácil que se espalhe e se estabeleça entre outros homens e nas diversas nações do mundo.

"...Eu sou a luz do mundo; quem me segue, de modo nenhum andará nas trevas, pelo contrário, terá a luz da vida."

João: 8-12.

4
Ante obsidiados

As imperfeições morais do homem constituem-lhe, ao longo da existência física, o calvário através do qual se depura.

São elas que respondem pelas suas atuais aflições, porque procedem do passado, quando fracassou, e persistem por falta de valor e decisão do Espírito comprometido, que ainda não se resolveu por superá-las.

Graças à sua presença, que se constitui em *brecha* larga, *penetram* os Espíritos infelizes que se afinam com o endividado e produzem os variados processos de obsessão.

Enfermidade grave que grassa com larga margem de *contaminação,* encontra receptividade no psiquismo dos homens descuidados que lhe tombam nas malhas de complexa e difícil libertação.

Toda a complexidade reside no fato de que os envolvidos na trama, que ora os reúne outra vez, são semelhantes moralmente, exigindo da *vítima humana* um esforço que esta quase nunca se dispõe a realizar.

A dificuldade se estabelece na cura, em razão do denodo com que se deve aplicar o homem pela própria transformação moral, sem a qual o fenômeno obsessivo se alonga até as consequências mais lamentáveis.

O que para as demais criaturas passa despercebido, no capítulo das imperfeições morais, os Espíritos perturbadores e enfermos identificam, em razão da afinidade que se estabelece naturalmente entre os primeiros e eles.

Sem que se opere a real mudança de comportamento moral do enfermo espiritualmente, todo o esforço que os outros apliquem a seu favor será um paliativo ou de resultado nulo.

❄

A diagnose da obsessão é fácil. O seu tratamento é mais difícil.

Não somente se faz necessário esclarecer o perseguidor que se encontra semilouco, senão educar aquele que lhe sofre a pressão, a fim de que se rompam os vínculos que os imanam.

A prece sincera acalma a situação, no entanto, só a renovação íntima do paciente interrompe a constrição danosa.

A fluidoterapia afasta temporariamente o agente da perturbação, entretanto, somente a elevação moral do obsidiado equaciona o problema.

Responsabilidade

Há casos em que o *hospedeiro* mental da obsessão, pela gravidade do cometimento, não pode agir por vontade própria; apesar disso, aos primeiros sinais de melhora, resultante do auxílio que recebe, soa-lhe o momento de realizar a sua parte, que é sempre a mais importante.

Há obsessão porque existe conta a ajustar.

O *cobrador*, que é infeliz, amargura o *devedor*, que se nega ao resgate do compromisso.

Não produzindo no bem o suficiente para anular o mal que praticou, tomba, irremissivelmente, nesse mal em que se compraz, tornando-se vítima da própria incúria, portanto, da obsessão.

❉

Diante de pessoas portadoras de obsessão, tem bondade e paciência para com elas, mas não as iludas com promessas de curas sem esforço e sem sacrifício pessoal.

Esclarece o desencarnado para que renuncie à pugna, todavia, educa o doente para que mude de atitude mental e situação moral, sem as quais serão baldados quaisquer esforços.

Mesmo Jesus, quando curava qualquer enfermo, recomendava que este não voltasse a pecar, a fim de que não lhe acontecesse algo pior, ensinando que só a libertação das imperfeições morais dá ao homem a paz e a saúde integral.

"...Vós sois cá de baixo, eu sou lá de cima; vós sois deste mundo, eu não sou deste mundo."

João:8 - 23.

5

O legado de Jesus

Do ponto de vista imediato, utilitarista, não deixa de ser estranhável a forma como Jesus considerava a fortuna, o êxito, o poder na Terra.

Pedro, chamado por Ele ao ministério, abandonou as redes, deixando passar a oportunidade de adquirir maiores recursos.

Mateus, convidado ao labor do Reino, desligou-se da coletoria, integrando-se na comunidade dos bens comuns.

Responsabilidade

Maria de Magdala, escutando-O, sentiu-se instada a uma total mudança de comportamento e a radical permuta de valores.

Zaqueu, o publicano, encontrando-O, emocionou-se a tal ponto com a visita que Ele lhe fez ao lar, que procurou ressarcir, multiplicadamente, quaisquer prejuízos porventura causados a outrem; propôs-se remunerar com régias somas aqueles que o serviam e deu metade dos bens aos pobres.

Um jovem rico, que Lhe desejava seguir, ouviu, inquieto, a condição: *"– Vende tudo o que tens, dá-os aos pobres..."*

...Com razão, o Seu "Reino não é deste mundo".

❋

Não te iludas com os triunfos e prazeres, as glórias e valores amoedados, tão do agrado terreno.

Amealha virtudes.

Reúne títulos de serviço em benefício do próximo.

Executa ações benéficas quanto possas.

Desapega-te dos bens que dão *status* e projeção entre os fantasistas e deixa-te conduzir pela senda que Ele percorreu.

❄

No mundo há uma grande preocupação pelas heranças e legados, testamentos e doações, como consequência da ambição da posse.

Jesus nada possuiu na Terra, a nada se apegando. Somente a cruz foi Sua. Por isso, Ele a repartiu um pouco com o homem de Cirene...

Não aspires, desse modo, as honras nem os destaques humanos, em Seu nome.

Tropeçarás, se O acompanhas, em dificuldades e dores, porque, ainda hoje, o Seu legado para aqueles que O amam é a cruz do

Responsabilidade

sacrifício que, bem conduzida, mais tarde será transformada na escada luminosa que os alçará à plenitude nos cimos da Vida.

"Em verdade, em verdade vos digo:
Eu sou a porta das ovelhas..."

João: 10 - 7.

6

Intercâmbio de elevação

O intercâmbio entre os Espíritos e os homens, disciplinado e sob coordenação superior, constitui um dos fastos mais comovedores e nobres do Cristianismo.

Em êxtase momentâneo, Zacarias, idoso, recebeu a visita de um ser angélico que lhe trouxe a notícia do renascimento de João, impondo-lhe transitória mudez ao órgão da palavra, para evitar comentários desnecessários.

Responsabilidade

Logo depois, Gabriel, o anjo do Senhor, apareceu a Maria e anunciou-lhe o próximo mergulho de Jesus nos fluidos grosseiros do mundo, para o ministério libertador.

José sonhou com seres espirituais que lhe recomendaram retirar o menino de Nazaré, poupando-o à sanha assassina de Herodes...

No Egito, para onde se evadira, voltou a receber instruções, em estado onírico, a fim de que retornasse com a família a Nazaré, pois que o perigo já havia passado.

Quando da apresentação da criança no templo, seguindo a tradição antiga, a profetisa Ana identificou-O como Messias, o Libertador, sob poderoso comando psíquico por Entidade feliz.

Posteriormente, Simeão, que igualmente era profeta, homenageou-O, aos auspícios da intuição luminosa que lhe veio do Mundo espiritual.

Tempos depois, foi Jesus quem dialogou com terríveis Espíritos que obsidiavam um homem, na cidade de Gadara, impondo-lhes, energicamente, a recomendação de abandonarem a vítima indefesa.

Meses após, na planície de Esdrelon, expulsou, sobranceiro, pertinaz adversário espiritual de um jovem, que convulsionava como se padecesse de epilepsia.

Um pouco antes, no acume do Tabor, dialogou com Moisés, o legislador hebreu, e com Elias, o insigne profeta do povo, ambos desencarnados, que O vieram homenagear, provocando incomum felicidade nos discípulos-testemunhas do notável evento.

...E como se isso não bastasse, Ele próprio, após a morte, retornou à convivência com os amigos saudosos e alguns desconhecidos, que se interessavam pelos seus ensinamentos, demonstrando, por diversas vezes, a sobrevivência ao túmulo e a bênção do intercâmbio de elevação.

Saulo, que O detestava, encontrou-O às portas de Damasco, e o acontecimento se

Responsabilidade

lhe tornou de tão alta e grave magnitude, que lhe alterou a conduta e a vida, total e definitivamente...

❅

Por sua vez, o Espiritismo vem hoje repetir os feitos extraordinários do intercâmbio espiritual em clima de ordem e com educação, o que constitui um dos mais confortadores exemplos da imortalidade da alma e sua consequente comunicabilidade com os homens.

Intercambiam, conscientemente, elevados instrutores da Humanidade, com as criaturas, instruindo-as e dignificando-as em momentosos fenômenos medianímicos incontestes.

Familiares saudosos, envoltos pelos *crepes* do sofrimento ante a partida dos seres amados, reencetam a marcha, renovados, após se comunicarem com esses afetos sempre vivos, que volvem a animá-los e a estimulá-los ao prosseguimento no esforço de elevação, prometendo o reencontro futuro sem interrupção.

Alienados por Espíritos perversos recebem libertação nas sessões de terapia desobsessiva, nas quais luz o amor durante diálogos de oportunos esclarecimentos.

Enfermos desencarnados, aferrados aos velhos hábitos, ou padecendo os reflexos das viciações e doenças que lhes consumiram os corpos, são atendidos com bondade e têm iluminada a consciência, que recupera o discernimento, adquirindo os valores para a saúde moral.

Repetem-se as advertências carinhosas, os sonhos premonitórios, as admoestações espirituais, emulando o ser ao equilíbrio e à reconquista da paz.

Responsabilidade

Para tal ministério edificante, a mediunidade é o meio eficaz que propicia o intercâmbio.

Não perturba o portador, nem o desgoverna.

Qualquer distúrbio que o médium apresente não resulta, por certo, da faculdade, senão dos compromissos morais negativos que lhe pesam na economia da vida.

Médiuns os há, em grande quantidade, em toda parte.

Disciplinar e conduzir a mediunidade com esforço e abnegação, educando os próprios recursos psíquicos com vista à dignificação da Humanidade, é um dever que aguarda ser atendido.

❈

Se ainda não fruíste a alegria do intercâmbio consolador com os *mortos* queridos, que prosseguem vivos, medita, ora e espera.

Não permaneças a distância, aguardando um fenômeno especial de privilégio, que não mereces.

Acerca-te dos compromissos espíritas, engaja-te neles e, próximo ao *telefone mediúnico*, que chama do Além-túmulo, atenderás o convite e experimentarás a dita do intercâmbio edificante.

Se, no entanto, já o experimentaste em paisagem de luz, esparze essa alegria com os companheiros descrentes e sofridos, preparando-os para o momento ditoso que a todos chegará, hoje, logo depois, ou então bem mais tarde.

"Eu sou a porta.
Se alguém entrar por mim, será salvo..."

João: 10 - 9.

7
Na área mediúnica

Descobrindo-te portador da instrumentalidade mediúnica, detém-te a considerar-lhe o valor, que deve ser colocado a serviço do próximo.

Mediunidade sem ação no bem é semelhante a enxada relegada à destruição pela ferrugem.

Não foi o acaso que te aparelhou com os requisitos psíquicos para o intercâmbio espiritual.

Responsabilidade

Estás convidado, nessa área de ação, a reparar antigos delitos, auxiliando aqueles a quem vitimaste, assim como a reeducar a vontade, direcionando as aspirações e objetivos da vida para os elevados cometimentos, que te promoverão em espírito.

Em face do degrau evolutivo no qual estagias, sintonizarás com os Espíritos que são afins contigo e cujo processo de evolução se faz mediante sofrimentos acerbos.

Captando-lhes os pensamentos, sofrerás as suas injunções, que se te fazem necessárias, experimentando-lhes a psicosfera em que se debatem, como efeito natural da conduta que se permitiram, e para a qual contribuíste de forma desastrosa.

Não te faltarão, igualmente, a inspiração dos benfeitores sábios, que virão em teu auxílio, interessados no teu progresso, na tua libertação.

No vasto campo das atividades mediúnicas há espaço para todos os candidatos ao ministério dignificante.

Assim, não te permitas disputas injustificáveis, evitando derrapar na insensatez e na alucinação.

Médium em competição é perigo à vista.

Rentearás com pessoas portadoras de excelentes faculdades, anestesiadas pela presunção, acreditando-se instrumento para os anjos e os santos, longe da assistência fraternal e humanitária.

Alguns outros estão laborando em campo minado pelas paixões explosivas, em misteres graves, de que ainda não se deram conta.

Diversos se encontram em lutas íntimas, que os exaurem, a pouco e pouco, ao tempo em que se depuram e renovam.

Inúmeros são portadores de *parasitoses obsessivas*, que os constringem continuamente, chamando-os ao resgate inadiável.

Responsabilidade

Há também, sem dúvida, aqueles que realizam tarefas relevantes, contribuindo, eficazmente, para a mudança das tristes paisagens morais, ora vigentes no planeta, preparando melhores dias para o futuro.

Todos, no entanto, estão experimentando as exigências do fenômeno evolutivo da Humanidade atual.

❉

A mediunidade é desafio para aquele que a possui.

Não é graça, nem é distinção.

É conquista adquirida através do tempo, ou oportunidade iluminativa ao alcance de todos.

❉

Se percebes os sinais da mediunidade em ti, estuda-os e estuda-te, a fim de descobrires a maneira mais eficiente de conduzir tais recursos e conduzir-te com segurança.

Não te importes quanto à intensidade ou grau de percepção mediúnica de que estejas investido.

O valioso é a aplicação que destines a esses recursos, mediante os quais, mal aplicados, te proporcionarão sofrimento e frustração, enquanto que, bem dirigidos, te ensejarão paz e reconforto em favor da tua realização espiritual.

"...Eu vim para que elas (as ovelhas) tenham vida, e a tenham em abundância."

João: 10 – 10.

8

Tranquiliza-te em Deus

Quando constataste que os teus planos não se realizavam, conforme os havias estabelecido, caíste em depressão.

Porque não recebeste a divina resposta, de acordo com o que solicitaste, tombaste no desânimo.

Como não frutescessem os teus anelos, dentro da programação que propuseste, tropeçaste na revolta.

Agora, que se passaram aqueles dias mais ásperos, fazes um retrospecto mental e

Responsabilidade

constatarás que, em verdade, tudo quanto se te configurava como excelente, não passava de aflição e que a felicidade então entrevista era apenas ilusão que te jungiria à sombra densa e a equívoco lamentável.

❄

Com a experiência que ora te assinala a existência, não te precipites em solicitações apaixonadas, nem crives a Bondade de Deus com apelos exorbitantes.

Coloca-te em sintonia com o bem e pede paz de espírito, oportunidade de serviço, sentimentos de amor e dádivas de espiritualização, desde que as coisas e ambições mundanas ficam, não raro, retendo os seus possuidores nas malhas de soezes perturbações.

❄

Quando a Divindade nega a concessão de algo que se Lhe roga, certamente está concedendo o que é de mais utilidade e melhor para o progresso do Espírito, que cumpre evoluir.

Tranquiliza-te, portanto, em Deus, e alegra-te.

"Eu sou o bom pastor.
O bom pastor dá a sua vida pelas ovelhas."

João: 10 - 11.

9
A compaixão

Escasseia, na atual conjuntura terrestre, o sentimento da compaixão.

Habituando-se aos próprios problemas e aflições, o homem passa a não perceber os sofrimentos do seu próximo.

Mergulhado nas suas necessidades, fica alheio às do seu irmão, às vezes, resguardando-se numa couraça de indiferença, a fim de poupar-se a maior soma de dores.

Deixando de interessar-se pelos outros, estes esquecem-se dele, e a vida social não vai além das superficialidades imediatistas, insignificantes.

Empedernindo o sentimento da compaixão, a criatura avança para a impiedade e até para o crime.

Olvida-se da gratidão aos pais e aos benfeitores, tornando-se de feitio soberbo, no qual a presunção domina com arbitrariedade.

Movimentando-se na multidão, o indivíduo que foge da compaixão distancia-se de todos, pensando e vivendo exclusivamente para o seu *ego* e para os *seus*. No entanto, sem um relacionamento salutar, que favorece a alegria e a amizade, os sentimentos se deterioram, e os objetivos da vida perdem a sua alta significação, tornando-se mais estreitos e egotistas.

A compaixão é uma ponte de mão dupla, propiciando o sentimento que avança em socorro e o que retorna em aflição.

É o primeiro passo para a vigência ativa das virtudes morais, abrindo espaços para a paz e o bem-estar pessoal.

O individualismo é-lhe a grande barreira, em face da sua programação doentia, estabelecida nas bases do egocentrismo, que impede o desenvolvimento das colossais potencialidades da vida, jacentes em todos os indivíduos.

A compaixão auxilia o equilíbrio psicológico, por fazer que se reflexione em torno das ocorrências que atingem a todos os transeuntes da experiência humana.

É possível que esse sentimento não resolva grandes problemas, nem execute excelentes programas. Não obstante, o simples desejo de auxiliar os outros proporciona saudáveis disposições físicas e mentais, que se transformarão em recursos de socorro nas próximas oportunidades.

Responsabilidade

Mediante o hábito da compaixão, o homem aprende a sacrificar os sentimentos inferiores e a abrir o coração.

Pouco importa se o outro, o beneficiado pela compaixão, não a valoriza, nem a reconheça ou sequer venha a identificá-la. O essencial é o sentimento de edificação, o júbilo da realização, por menor que seja, naquele que a experimenta.

Expandir esse sentimento é dar significação à vida.

❉

A compaixão está acima da emotividade desequilibrada e vazia. Ela age, enquanto a outra lamenta; realiza o socorro, na razão em que a última apenas se apiada.

Quando se é capaz de participar dos sofrimentos alheios, os próprios não parecem tão importantes e significativos.

Repartindo a atenção com os demais, desaparece o tempo vazio para as lamentações pessoais.

Graças à compaixão, o poder de destruição humana cede lugar aos anseios de harmonia e de beleza na Terra.

❈

Desenvolve esse sentimento de compaixão para com o teu próximo, o mundo, e, compadecendo-te das suas limitações e deficiências, cresce em ação no rumo do Grande Poder.

"...Eu o sou (o Cristo), eu que falo contigo."

João: 4 - 26.

10
Autoridade real

Os bons dicionaristas definem a autoridade como sendo "o direito ou o poder de mandar ou fazer-se obedecer".

O problema da autoridade no mundo é de inevitável consideração, em face da forma pela qual é, invariavelmente, confundida com a prepotência ou a arbitrariedade.

No século XVII, os filósofos racionalistas investiram contra o "critério da autoridade escolástica", tradicional, que conferia

Responsabilidade

poderes injustificáveis a pessoas e entidades somente pelo impositivo dos seus arbítrios ancestrais.

O antigo "direito divino dos reis", que se convertia em absolutismo e intolerância radical, sofreu, igualmente, significativa mudança, ensejando uma alteração profunda em relação ao comportamento dos governantes.

Sem embargo, ainda se vive, entre os homens, especialmente os que dirigem, a presença do abuso de autoridade e de poder indiscriminado entre as atitudes permitidas e as geradas pela brutalidade.

A verdadeira autoridade prescinde dos aparatos e das injunções que delegam a força, armando as criaturas de violência como direito para a preservação da ordem em nome da justiça.

Há crise de autoridade legítima no mundo, por faltarem os valores éticos que vivem sob o bombardeio inclemente da anarquia e da volúpia do prazer alucinado, que domina, praticamente, quase todas as comunidades humanas.

❋

Sempre causa espanto a força moral de frágeis mulheres, esposas e mães, que enfrentam companheiros e filhos violentos, com resolução firme e dedicação imbatível, mudando-lhes o comportamento agressivo e submetendo-os à força da sua ternura.

A fragilidade espezinhada de Gandhi enfrentava os indivíduos e os grupos armados, odientos, apaziguando-os, sem uma palavra, bastando a sua presença compassiva ou o seu jejum místico, aos quais todos se submetiam, comovidos.

Homens e mulheres sem força física e sem exércitos conseguiram, por mais de uma vez, mudar o curso da História, orientar vidas, com essa autoridade sem

Responsabilidade

despotismo, que somente o amor logra proporcionar.

Quando Alarico, o rei *bárbaro* visigodo, aprestava-se para destruir Roma e ceifar as vidas dos seus habitantes indefensos, Agostinho de Hipona, com a autoridade da fé que exemplificava, foi ao acampamento do terrível conquistador e pediu-lhe para poupar a cidade e os que ali viviam, conseguindo livrá-los do trágico destino.

Anchieta e Nóbrega, sem qualquer força exterior, fizeram-se reféns voluntários dos índios tamoios e, enquanto ali permaneceram, semearam a confiança, a paz e a fraternidade, que os homens brancos, *a posteriori*, não souberam ou não quiseram preservar.

A brandura e a ação moral, em forma de exemplos de elevação espiritual, constituem os elementos vitais para a autoridade real, a que não sofre decadência nem se conspurca ante as situações equívocas.

A autoridade não se faz considerar ou respeitar pelos elementos de que se cerca.

Não poucas vezes traveste-se de temor com que apavora, jamais se fazendo aceita, até quando movimentos equivalentes da reação geral resolvem-se por expulsá-la dos ombros, usurpação de direitos que era, na busca da liberdade verdadeira.

❋

Diante do autoritário governante romano, que por sua vez era fâmulo de Tibério, o poderoso Imperador, quando aquele desejou impressionar Jesus, o Mestre, com a autoridade pura que a Sua condição lhe dava, foi claro e peremptório, afirmando-lhe: "– A autoridade de que desfrutas não é tua; foi-te concedida e poderá ser-te retirada", conforme ocorreu poucos anos depois...

Responsabilidade

Recorre à autoridade de que estejas investido sem ferir a justiça, no desempenho dos teus deveres.

Convidado a funções que te delegam autoridade e ao seu uso, cuida de não tombar no insano autoritarismo, na prepotência. Recorda que só uma autoridade é soberana: aquela que procede do Pai, porque verdadeira.

Nas demais formas sob as quais se apresenta, deve centralizar-se no amor e na vida exemplar, de modo a fazer-se real, que legitima as atitudes e não provoca as reações da violência.

11
Estímulo aos médiuns

Graças à sua complexidade e causalidade paranormal, a mediunidade, e, por extensão, os médiuns, permanecem desconhecidos e incompreendidos mesmo nos dias correntes.

Em decorrência de atavismos místicos, algumas criaturas caracterizam as faculdades medianímicas como sendo excelentes dons concedidos pela Divindade, e os medianeiros logo são elevados a posições *invejáveis* de oráculos e santos, a quem tudo se exige, sem margem de equívoco ou fragilidade humana de que se constituem.

Por outro lado, como efeito da sistemática descrença e da suspeição pertinaz, muitos indivíduos consideram as forças mediúnicas como patologias nervosas, e os sensitivos são tachados de portadores de vícios ocultos, decorrentes das suas desordens mentais, quando não são simplesmente desprezados, tidos na conta de mistificadores e imbecis.

Somente os estudiosos sensatos, que se clarificaram com as luzes da Doutrina Espírita, possuem recursos culturais para considerar com equilíbrio o que seja a mediunidade e qual o compromisso do médium perante a vida.

Ainda entre estes últimos, em razão das suas próprias realizações pessoais e evolução moral, repontam e aparecem no comportamento da análise do fenômeno mediúnico e da atuação do sensitivo, projeções, conscientes ou não, do que cada um é, assim os considerando através das *lentes* que usam para o conhecimento das suas realidades.

Não obstante, lenta e seguramente, cada dia em maior expressão e nos meios sociais diferentes, a mediunidade espoca, surgindo medianeiros que se aprestam para as realizações que os chamam em caráter de emergência.

A mediunidade é sempre neutra em si mesma, seguindo a diretriz moral que o intermediário lhe aplica.

❖

Maomé, em transes de aparência epiléptica, transmitiu o Alcorão aos discípulos atentos e emocionados.

Constantino, em pleno campo de batalha, teve uma visão mediúnica que mudou inteiramente o curso da luta, favorecendo largos acontecimentos históricos a partir de então.

Responsabilidade

Catarina de Siena, tomada mediunicamente por Entidades espirituais, em 1377 reconduziu o Papa de volta a Roma...

Rita de Cássia, rejeitada, a receber ordens no monastério a que recorrera, foi transportada para a intimidade da casa religiosa, por meios paranormais...

A Sra. Friederike Hauffe, largamente examinada pelo Dr. Justinus Kerner, na Alemanha, demonstrou a realidade das forças mediúnicas.

A Sra. d'Espérance, demoradamente pesquisada por sábios dignos, confirmou a vida hiperfísica.

O cardeal Eugênio Pacelli dialogou com o desencarnado Papa Pio X, que lhe veio anunciar a hecatombe da Segunda Guerra Mundial, que logo eclodiria, e a sua ascensão à cadeira pontifícia de Roma...

O padre Pio, na cidade de São João Rotondo, na Apúlia, estigmatizado por anos a fio, era instrumento de várias expressões mediúnicas...

A mediunidade, que é uma "certa predisposição orgânica", como acentua Allan Kardec, jaz inata em todas as criaturas, cabendo a cada indivíduo educá-la e destiná-la ao fim que melhor lhe aprouver.

A mediunidade, atendida pela metodologia espírita, no entanto, é instrumento para a edificação da vida em elevados padrões de ética e beneficência.

Não pensem, porém, os médiuns que os louros da vitória lhes sejam colocados na cabeça durante o exercício das funções parapsíquicas. Nem Jesus logrou esse tentame.

A Sua foi a coroa de espinhos, e o Seu trono foram duas traves grotescas que O ergueram em cruz...

Responsabilidade

Não te permitas sofrer, na tua função de médium, ante as agressões dos que sorriem contigo e te ferem pela retaguarda; te elogiam em frente e te criticam na ausência.

As criaturas são o que logram e nem sempre o que almejariam.

Compreende-as tu.

Igualmente, não te iludas com os aplausos nem com os mentirosos ouropéis que ficarão.

Permanece no ritmo do bem que elegeste e segue intimorato.

Se ampliada a tua tarefa, afadiga-te por atendê-la.

Se reduzido o labor, esforça-te por executá-lo.

Sê a tua consciência, no exemplo de todo dia, vencendo o tempo e desafiando as calúnias e os encômios, sempre o mesmo, que terminarás por alcançar a meta em cuja direção avanças.

Isto é o mais importante; o demais são acidentes da marcha que te não podem impedir de chegar ao alvo, que é o cumprimento do dever que abraças como cruz de redenção em nome do amor.

"Eu sou a Verdade..."

João: 14 - 6.

12
Medo e reencarnação

Houve tempo, durante o processo da evolução do homem, em que o medo ocupava um lugar de destaque no seu comportamento pessoal e social. Desconhecendo o mecanismo das leis naturais, deixava-se dominar pelas superstições, iniciando as primeiras práticas religiosas com o objetivo de aplacar-lhes as fúrias, submetendo-se, assim, ao seu desgoverno sob a força do temor.

Responsabilidade

Lentamente, as aquisições mentais passaram a esclarecê-lo a respeito dos fenômenos do planeta, permitindo-lhe melhor compreensão dos fatores que os desencadeiam.

O medo, no entanto, prosseguiu sob modalidade diferente, grassando entre as populações menos favorecidas que gravitavam em torno dos dominadores arbitrários e dos conquistadores violentos.

❊

Na história do pensamento universal, Jesus foi o Grande Libertador, trazendo a lição da verdade que torna a criatura liberada de todas as engrenagens constritoras que despedaçam a esperança e escravizam, reduzindo o ser à condição de miserabilidade.

A Sua Doutrina é um hino de libertação, porque fundamentada nos valores eternos do amor, do bem e da caridade.

Sem temer quem quer que fosse ou mesmo as circunstâncias vigentes, Ele inaugurou o período da paz, demonstrando, pelo exemplo, que o medo é algoz da vida e que somente a coragem do amor faz ditosos os seres.

Com o suceder dos séculos, religiosos desprevenidos, desejando evangelizar as pessoas, impondo-se, retomaram os conceitos já ultrapassados, e passaram a apresentar o Deus Temor em lugar do incomparável Deus Amor.

Nos tempos modernos, superados vários transes da angústia humana, quando a Ciência alcança expressões dantes jamais imaginadas, eis que o medo volta a comandar mentes e corações, nos laboratórios de investigação e nos gabinetes dos governos, em face das ameaças das guerras calamitosas com possibilidade de extermínio da vida no planeta...

Responsabilidade

A violência que dirige milhões de seres, proclamando a falência de muitos valores éticos, marcha ao lado das depressões, nas quais o medo se instala aumentando o número dos infelizes.

De alguma forma, o desconhecimento das Leis de Causa e Efeito responde pelo estado atual de inquietação, de neurose generalizada...

O homem, tanto quanto o grupo social onde ele vive, é responsável pelo próprio destino, que é sempre resultado dos seus atos.

Conforme cada um semear moralmente, assim colherá.

A vida sempre reflete o que nela se projeta através das ações desenvolvidas por cada ser.

Eis por que, na atualidade, o Espiritismo, repetindo Jesus, traz o ensinamento da reencarnação, para conscientizar o homem das suas responsabilidades, concedendo-lhe a verdade que liberta e faz feliz.

Mediante essa certeza, novos atos de fraternidade são estimulados e ações de enobrecimento se fazem ampliadas, mudando, desde agora, a paisagem do futuro, no qual todos fruirão de paz, num verdadeiro "Reino de Deus", "que não é deste mundo", todavia, pode ter os seus alicerces colocados, desde já, neste mundo onde forjamos a nossa perfeição.

13

Até o fim

Este companheiro almejava seguir adiante, e estacionou.

Aquele amigo intentou manter-se em clima de paz, e desequilibrou-se.

O irmão na fé havia planejado permanecer e insistir nos propósitos superiores, no entanto, desistiu.

O colaborador, que se havia comprometido a permanecer solidário, abandonou a tarefa, e se foi adiante...

Responsabilidade

Não são poucos os trabalhadores que se viram propelidos a mudança de atitude, após se haverem afeiçoado à tarefa.

Constituem características da natureza humana a fragilidade, a mudança de comportamento, a variação de interesses.

Por isso, fidelidade, na Terra, é campo difícil de ser cultivado, não obstante floresça aqui e ali, alentando vidas.

❄

Não estás indene às mesmas injunções que atingiram outros.

Aparentemente, os que se afastaram, os desertores, os que tombaram foram negligentes ou influenciados pelo mal que campeia desenfreado. Talvez, porém, não haja sido dessa forma.

Encontraram outros ideais; despertaram para novos interesses; surgiram dificuldades antes inexistentes; apareceram responsabilidades onde apenas havia prazer ou curiosidade...

Eles serão úteis adiante e cumprirão outros labores, à frente.

Ninguém os pode censurar.

Evolução é conquista íntima, que não pode ser mensurada nas expressões externas.

Cada Espírito avança conforme os recursos de que dispõe, dentro das possibilidades ao seu alcance.

Prossegue amigo deles e almeja-lhes vitória.

A perfeição é a meta. Como lográ-la, é desafio para cada ser.

Respeita-lhes a luta e não os ames menos.

Teus irmãos em viagem evolutiva, mesmo que não compartam das tuas ideias e não concordem contigo, são conquistadores, tanto quanto o és, e necessitam da tua afeição.

Responsabilidade

Jesus recomendou que somente "aqueles que perseverassem até o fim seriam salvos".

Permanece tu, até o fim do teu compromisso, compreendendo as dificuldades dos outros e ajudando-os fraternalmente onde estejam e de acordo com a receptividade deles.

"Não vos deixarei órfãos, eu voltarei a vós."

João: 14 – 18.

14
Ergue-te e caminha

Mergulhados no corpo, sob as bênçãos da reencarnação, todos os Espíritos experimentam os limites e as vicissitudes da matéria.

Impositivos da circunstância, necessidades orgânicas, aspirações que resultam de condicionamentos psicossociais, exigências de aparelhagem física, levam, não raro, a compromissos graves, nos quais malogram programas bem elaborados e comportamentos adrede estabelecidos.

Responsabilidade

A carne é semelhante a um escafandro que, embora faculte a realização de tarefas nobilitantes, proporciona redução de visibilidade, de movimentos que, em circunstâncias normais, podem ser utilizados com maior facilidade.

Ao mesmo tempo, as paixões ancestrais ainda não superadas ressurgem, a princípio como anseios, para depois se tornarem labaredas crepitantes, devoradoras, alucinando e fazendo sofrer quem lhe padece a injunção.

Desse modo, o trabalho constante, ao lado da vigilância e da prece contínuas, constituem os preservativos para a paz e os recursos de promoção para a vitória.

Na Terra, todos se encontram sob testes e desafios.

Ninguém retira a ganga que esconde a gema, sem sofrer o fenômeno da lapidação que a dor proporciona.

Cada dia, novas experiências ensinam como não mais se enganar, recomeçando as tarefas e restabelecendo os liames do dever interrompido.

Deste um passo audacioso, e tombaste em erro grave.

Precipitadamente, foste além do limite estabelecido pelo bom senso, e permaneces vazio.

Cultivaste a ilusão de um prazer, que após comprometer-te, não te auxilia, pois continuas esfaimado.

Converteste uma amizade profunda e nobre num sentimento perturbador, sem que lograsses paz.

Estavas incógnito, e te desvelaste.

Eras respeitado, e te arrojaste no engano.

Tinhas amor, e porque não soubeste mantê-lo em alto nível, descobre-te sem ele e malvisto...

Não deverias ter-te arrojado a essa escusa conduta. Porém, não te lamentes, nem te desequilibres.

Responsabilidade

Paga em renovação interior o gravame cometido.

Levanta-te e segue além.

Reencontrarás, adiante, esta sementeira ingrata, que poderias ter evitado.

Recolhe os espinhos, resgata com alegria e te sentirás bem.

Não somes, à queda, novas trombadas.

Ergue-te e caminha.

❄

Cada manhã é bênção da vida, após a noite assustadora, trazendo a beleza da claridade que dilui os fantasmas do medo e da insegurança.

Jesus é sempre o Amigo seguro dos equivocados e caídos que O buscam, pois que somente n'Ele encontram o apoio e a paz para a vitória que lhes parece tardar.

"Quem me não ama, não guarda as minhas palavras; a palavra que estais ouvindo não é minha, mas do Pai que me enviou."

João: 14 – 24.

15

Considerando a reencarnação

A reencarnação é Lei da Vida. Impositivo estabelecido irrefragavelmente, constitui processo de evolução, sem o qual a felicidade seria impossível.

Programada pelo Criador, faculta os mecanismos naturais de desenvolvimento dos valores que jazem latentes no ser espiritual, que assim frui, em igualdade de condições, dos direitos que a todos são concedidos.

Responsabilidade

A reencarnação favorece com dignidade os Códigos da Justiça Divina, demonstrando as suas qualidades de elevação e de amor.

❄

Sem a reencarnação – que proporciona a liberdade de opção, com as consequências decorrentes da escolha –, a vida não teria sentido para os párias sociais, os homens primitivos, os limitados mentais, os amargurados e infelizes...

Sem a reencarnação, o ódio inato e o amor espontâneo constituiriam aberração perturbadora em a natureza humana.

Da mesma forma, as tendências e propensões que comandam a maioria dos destinos seriam fenômenos cruéis de um determinismo absurdo, violentador das consciências e dos sentimentos.

Sem a reencarnação, permaneceriam como incógnitas geradoras de revolta, as razões dos infortúnios morais, das enfermidades de alto porte, mutiladoras e degradantes, da miséria social e econômica que vergastam expressivas massas e grupos da sociedade terrestre.

Sem a reencarnação, os laços de família se diluiriam aos primeiros impactos defluentes dos acontecimentos danosos...

❄

A reencarnação enseja reequilíbrio, resgate, reparação.

Faculta o prosseguimento das atividades que a morte pareceria interromper.

Proporciona restabelecimento da esperança, entrelaçando as existências corporais que funcionam como classes para o aprendizado evolutivo no formoso educandário da vida terrestre.

Oferece bênçãos, liberando de qualquer fatalidade má, que candidataria o Espírito a um estado permanente de desgraça.

Responsabilidade

A reencarnação enobrece o calceta, santifica o vilão, eleva o caído, altera a paisagem moral do revoltado, dulcificando-o ao longo do tempo, sem pressa, nem violência.

A reencarnação é convite ao aproveitamento da oportunidade e do tempo, que sempre devem ser colocados a serviço do progresso espiritual e da perfeição, etapa final da contínua busca do ser.

"...A paz vos deixo, a minha paz vos dou; eu não vo-la dou, como a dá o mundo."

João: 14 – 27.

16

Arte da despedida

Cada instante que passa, ensina-te a arte de dizer até breve.

A espera dourada de um acontecimento faz-se saudade cinzenta, logo depois, quando já passou.

A expectativa de um momento torna-se apenas recordação, mais tarde.

A transitoriedade do mundo é feita de pedaços de amanhã, atados a retalhos de ontem.

Responsabilidade

O hoje permanente é constituído pela soma das experiências que somente um posicionamento equilibrado em relação à vida sabe conduzir com eficiência.

Em razão disso, a flor exuberante de agora, logo mais se encontrará murcha e sem vida, assim como o corpo jovem e belo com o tempo se converte em aparelhagem gasta e alterada.

O hálito que vivifica a realidade terrestre, quando a deixa, proporciona a legítima feição do mundo físico, com a qual todos se devem acostumar, aprendendo a libertar-se, a crescer, a evoluir.

❄

O desapego aos atavismos que levam a considerar os bens como segurança de vida, tem, no teu mapa de deveres, regime de urgência.

A tranquilidade, na tua trajetória evolutiva, merece consideração especial.

A ação dignificante, em razão disso, impõe-se-te como recurso de elevação, favorecendo-te com os tesouros da alegria e da saúde ideal.

O afeto, sem prisão emocional, torna-se-te conquista de base, a fim de que o irradies em todas as direções, lançando os pródromos da família universal feliz para o futuro.

A renúncia deve assinalar-te o comportamento, de modo a seres livre nos compromissos, bem como na seleção dos objetivos superiores.

A indulgência deverá marcar-te os passos, de forma que deixes pegadas de misericórdia em toda parte por onde transites.

❉

A sucessão dos acontecimentos, na voragem de tudo passar, em tempo e lugar, é a

Responsabilidade

grande lição que deves aprender, fixando-te nos ideais e aspirações da vida eterna, que te espera, à frente da marcha, coroando-te de júbilos.

Tudo se esfuma, é certo, na Terra, porém, jamais haverá despedida em definitivo.

Por enquanto, adapta-te, sem sofrimento, à arte de dizer "até logo", por considerar que, em verdade, no processo da evolução, nunca dirás adeus.

"Eu sou a verdadeira videira,
e meu Pai é o viticultor."

João: 15 - 1.

17
Vigília e sono

A vida moderna, com todas as suas complexas engrenagens, exige do homem uma permanente vigília.

Trânsito e obrigações domésticas, cuidado com a saúde e atenção no trabalho, lazer e compromissos sociais, estudo e atividades extraclasse são alguns dos inumeráveis impositivos a que ele se vê submetido, a fim de crescer e desenvolver-se na comunidade.

Pressões psicológicas e econômicas geram ansiedades e produzem inquietações,

Responsabilidade

impondo-lhe a vigilância dinâmica, de modo a evitar-se os desmandos, a queda nas depressões ou o desbordamento de paixões mais violentas.

O medo, que se generaliza, e as necessidades da defesa pessoal como dos bens, as incertezas sobre o futuro, numa hora de graves responsabilidades, necessitam da vigilância que bem oriente e equilibre, poupando-o à derrocada emocional e moral.

As conquistas tecnológicas de alto realce, por um lado, promoveram o desenvolvimento das comunidades, todavia, as altas cargas de informações e recursos massificadores exigem que a vigilância resguarde a casa mental da criatura, evitando os desconcertos que já se generalizam.

Em toda parte, o homem ativo é concitado ao dinamismo, que somente a vigilância oferece com correção e harmonia.

Como consequência, nas pausas entre uma e outra atividade, diminui a tensão, e o corpo se amolenta, entorpecendo-se, em estados de sonolência e indisposição.

Dorme-se, então, nas conduções, nos teatros e cinemas, diante dos televisores ligados, em conferências e palestras, nos cultos religiosos, nas reuniões mediúnicas...

❊

Resguarda-te do sono pernicioso, nos momentos de prece e reflexão, nos interregnos que dedicas às atividades de renovação emocional, cultural e espiritual.

Especificamente, nas realizações espíritas, predispõe-te, pelo exercício mental, à vigília, de modo a evitar a intoxicação psíquica, que obnubila a lucidez e anula o programa de elevação a que te propões.

Repousa maior número de horas à véspera, como medida acautelatória; disciplina a vontade, fixando as ideias positivas e otimistas; faze uma pausa, quando possível,

Responsabilidade

antes do trabalho a que te filias, no campo da mediunidade; acompanha as dissertações e diálogos com participação emocional e fraterna; treina a vigília, insistindo, sem te entregares...

Lograrás êxito, se atenderes a algumas dessas sugestões.

O sono que te bloqueia a mente, durante as realizações espirituais, coloca-te ausente delas, embora ouças o que sucede, supondo-te presente a elas, no entanto, sem participação.

É indispensável a tua contribuição ativa.

Em alguns casos, esse estado de anulação pelo sono resulta de interferências espirituais de que não te dás conta, numa planificação bem urdida para nefastos resultados a largo prazo.

Recorre, por fim, quando não logres, pessoalmente, a vigília, ao auxílio de algum companheiro, submetendo-te ao passe renovador, de utilidade incontestável.

No momento dos testemunhos de que Jesus nos deu soberanas lições, no Getsêmani, enquanto orava e suava sangue, não obstante houvesse solicitado aos discípulos que vigiassem e orassem, mais de uma vez que foi ter com eles, encontrou-os a dormir...

Vigília, portanto, em todas as horas, a fim de não tombares na tentação do sono injustificável e prejudicial.

"...Vós sois as varas. Aquele que permanece em mim, e o no qual eu permaneço, dá muito fruto, pois sem mim nada podeis fazer."

João: 15 - 5.

18

Pensamento em ação

O pensamento é fonte inexaurível, oferecido pela Divindade para construções de beleza, de perfeição e de paz.

Possuidor de grande força plasmadora, na sua área surgem os lampejos do idealismo que se transformam em impulsos, corporificando-se em ações.

Projetando-se em qualquer direção, termina por modelar, no campo das formas, o que, de início, é somente onda mental.

Responsabilidade

As obras relevantes da Humanidade, como os hediondos crimes, os extraordinários logros da paz, como os trágicos enfrentamentos bélicos, originam-se na sede do pensamento que os passa a cultivar, exteriorizando as ideias que sensibilizam outros indivíduos, assim adquirindo poder realizador.

Mesmo quando não se converte em fatos impactantes, movimenta acontecimentos simples que lhe sofrem a interferência ativa.

❋

Mente a mente, vinculam-se os indivíduos, pela identidade de aspirações.

Ideia que se irradia é força que busca resposta.

Nem sempre, no entanto, o pensamento avança no rumo em que é projetado.

Gerando um campo vibratório em torno de quem o emite, o teor de que se reveste produz efeitos que passam a comandar o seu agente.

Júbilo ou depressão, esperança ou pessimismo, saúde ou enfermidade, podem ter origem na ação do pensamento de cada pessoa.

Conforme o que se anela, constrói-se psiquicamente até que os efeitos se apresentam com naturalidade.

...E, quando nos instantes do repouso físico, o Espírito que fixou ideias segue na direção e busca dos interesses acalentados no campo mental.

Intercâmbios psíquicos felizes e obsessões tormentosas decorrem, entre encarnados, do contínuo emitir e receber ondas mentais.

❊

Canaliza o teu pensamento na direção dos elevados objetivos existenciais.

Responsabilidade

De acordo com a conduta mental, assim transcorrerá tua vida.

Certamente, o teu passado espiritual é o responsável pelo teu presente. Entretanto, a ação da tua mente atual produzirá novos compromissos e realizações que depararás à frente.

❄

Quando as ideias negativas te coagirem a mente, intentando fixar-se, sobrepõe-lhes as do bem e do amor.

Nenhuma pessoa normal vive sem pensar. Assim, a sabedoria recomenda que se eleja o tipo de pensamento que deve constituir emulação e vida, para felizes desideratos.

Quem não comanda o pensamento, direcionando-o para a vida superior, tomba-lhe nas malhas, derrapando no sofrimento desnecessário.

Pensa, portanto, bem e segue em paz.

"...Vós sois meus amigos,
se fizerdes o que eu vos mando."

João: 15 - 14.

19
Amigo feliz

Quão feliz é aquele que se faz amigo dos infortunados, dos tristes e dos desprezados!

Possuindo os filões auríferos da paciência, da bondade e da esperança, oferece-lhes as melhores gemas, com que têm diminuídas as dores, encontrando reconforto e amparo, diretriz e segurança para prosseguirem na escalada do monte da sublimação.

Coração aberto à fraternidade, esse amigo enseja entendimento e propicia paz.

Responsabilidade

Em sua volta gera estímulos que levam à alegria de viver, diminuindo penas e consolidando as forças do bem naqueles que se encontram em deperecimento.

Suas atitudes calmas, a voz branda, sua visão otimista a respeito da vida e o seu comportamento sadio atraem aqueles que carpem aflições e coletam dores entre incertezas e desesperos.

Chegam, necessitados, e afastam-se, ditosos.

Pedem migalhas de entendimento, e recebem tesouros de afeição.

Buscam um amigo, e encontram um irmão.

Suas vidas se renovam e os seus problemas se resolvem logo depois.

Apresentam-se reconhecidos, por um momento, mas, de imediato, esses beneficiados se vão. Nem podem ficar. Têm algo a fazer, que os chama à frente. Devem, portanto, seguir.

Não te entristeças, porque te olvidaram.

Mesmo que pareçam ingratos, o bem que lhes fizeste permanece neles.

São, hoje, o resultado daquele momento crucial quando te buscaram.

Rejubila-te com isso e prossegue na tua faina de irmão dos sofredores.

Não faltam amigos à mesa farta dos sorrisos e das frivolidades. São os enganadores, que se encontram enganados.

Banqueteiam-se, distraídos, e fazem coro de exaltação a coisa nenhuma.

Alguns, que parecem acordados, estão adormecidos em espírito. Despertarão, oportunamente, qual sucedeu contigo.

A tua tarefa é outra, aquela para a qual escasseiam companhias e rareia quem se lhe dedique com alegria e abnegação.

Para fazê-lo, todavia, é necessário estar consciente dos valores da vida e das altas finalidades da sua existência na Terra.

Responsabilidade

Se o fazes, estás em situação vantajosa, que não te permite esperar a moeda-pagamento da gratidão deles.

A alegria do amigo é a felicidade do companheiro.

Assim, exulta com o que fazes e prossegue no teu ministério.

❊

Uma grande felicidade vige em quem é companheiro do solitário, qual ocorre com aquele que conduz uma lâmpada acesa em plena escuridão.

O prêmio do primeiro é a paz da consciência, quanto a recompensa do outro é a claridade que o veste.

Nada mais é importante, nem significativo além disso.

Os que te buscam, elegeram-te como amigo, porque sabem que os não defraudas quando de ti se acercam.

Quanta dita em ser companheiro dos infortunados, dos tristes e dos padecentes, num momento em que quase todos pedem, e tu dás; reclamam, e tu agradeces; encolerizam-se, e tu perdoas; detestam, e tu amas!...

Prossegue, pois que, a teu turno, dispões do Amigo Excelente que te vitaliza e ampara, a fim de que nunca te canses nem te extenues.

"Um novo testamento vos dou: que vos ameis
uns aos outros, assim como eu vos amei,
que também vos ameis uns aos outros."

João: 13 - 34.

20

Alegrias do Natal

Não obstante o tumulto crescente das torpes paixões, que desencadeiam dores superlativas, pairam nos corações expectativas e ansiedades de paz.

Embora a tirania tecnicista, que não conseguiu amenizar as rudes aflições, que ora se generalizam, repontam no homem cansado as esperanças alvissareiras, que falam de paz.

Após o malogro das ruidosas fantasias e dos turbulentos gozos, vibram na Terra as

Responsabilidade

notas de doce canção de paz, penetrando e enlevando as criaturas ansiosas...

São as alegrias do Natal que chegam, refazendo o espírito humano, aturdido e descoroçoado pela infatigável busca dos valores que, então, constata mortos.

Isto porque, o Natal não significa tão somente a algaravia multicolorida, a indústria da inutilidade, expressa na troca de presentes fúteis, mas também a lembrança do Filho de Deus descendo das Constelações para a Manjedoura, a fim de, pacífico e nobre, conviver com animais, reis e pastores, homens e mulheres simples, o poviléu, que conseguiu erguer às culminâncias da felicidade sem jaça.

Convite à reflexão, o Natal faz recordar o Excelso Amigo, participando das justas alegrias de uma boda e do grave-doce encontro com a pobre mulher surpreendida em adultério...

Evoca o Senhor das forças vivas da Natureza, repreendendo os ventos e o mar, e convidando gárrulas crianças ao regaço, por pertencer-lhes, na pureza de que se fazem símbolo, o Reino de Deus...

Atualiza o diálogo, de alcance transcendente, com o príncipe e doutor da Lei sobre os renascimentos no corpo, e fala do soerguimento da filha da viúva de Naim, do servo do centurião, e de Lázaro, do torpor da catalepsia e da morte para as excelências da ação lúcida...

Faculta uma visão nova da vida à luz do Sermão da Montanha, exaltando, nestes dias de truculência, a grandeza da humildade, a força da fé e a operosidade da "não violência"...

❉

O Natal é oportunidade feliz para cada homem voltar-se para dentro de si, fazer a

Responsabilidade

paz consigo próprio, valorizar a bênção da vida física que se esvai célere, e amar...

As alegrias do Natal proporcionam ensanchas para cada um felicitar-se mediante as doações de amor que se permita, renovando as paisagens íntimas, e, dando um passo além do "eu", distender a solidariedade com os que sofrem, os que se amarfanham nas lutas, os que se desesperam, os que se sentem a sós, os pequeninos e velhinhos ao abandono nas ruas e nos campos, dilatando até eles a ternura e facultando-lhes sorrisos, através da ação do bem, que transforma o homem em anjo de amor e fá-lo repetir, quase em silêncio, novamente, a sonata inesquecível dos Céus, dirigida aos ouvidos do mundo atento:

– *Glória a Deus nas alturas e paz na Terra para os homens de boa vontade!*

Este livro foi impresso na
LIS GRÁFICA E EDITORA LTDA.
Rua Felício Antônio Alves, 370 – Bonsucesso
CEP 07175-450 – Guarulhos – SP
Fone: (11) 3382-0777 – Fax: (11) 3382-0778
lisgrafica@lisgrafica.com.br – www.lisgrafica.com.br